Jonás, Conviértete

Lectio Divina para una vida cristiana plena

Hno. Ricardo Grzona, frp

Jonás, Conviértete

Diseño de Portada y Editorial: Miguel Angel Coletto

Primera edición, 2012.

Fundación Ramón Pané ©
18435 NW 10 St
Pembroke Pines, FL 33029
Tel (1) 954 885 1507
www.fundacionpane.org

ISBN13: 978-0-9793678-0-9

Queda prohibida la reproducción total o parcial de esta obra por cualquier medio, sin previa autorización de los editores.

Impreso en E.E.U.U / Printed in E.E.U.U

Dedicado al Cardenal OSCAR RODRÍGUEZ MARADIAGA, S.D.B., quien es un profeta valiente que no ha tenido miedo en anunciar al Señor de la misericordia y a denunciar a la Nínive Moderna sus pecados.

En memoria de mi padre, quien me enseñó que "hay que decir las verdades, aunque Nínive no quiera escucharlas".

Arzobispado de Buenos Aires

PRESENTACIÓN

Dice el Papa Benedicto XVI en su Exhortación "Verbum Domini": *"El Sínodo ha vuelto a insistir más de una vez en la exigencia de un acercamiento orante al texto sagrado como factor fundamental de la vida espiritual de todo creyente, en los diferentes ministerios y estados de vida, con particular referencia a la lectio divina. En efecto, la Palabra de Dios está en la base de toda espiritualidad auténticamente cristiana... Recuerden que a la lectura de la Sagrada Escritura debe acompañar la oración ».[201] La reflexión conciliar pretendía retomar la gran tradición patrística, que ha recomendado siempre acercarse a la Escritura en el diálogo con Dios."* (VD 86)

Luego en varios números de dicha Exhortación nos impulsa a todos a practicar la Lectio Divina como un ejercicio comunitario, de toda la Iglesia.

En esta sencilla obra, dedicada a catequistas, evangelizadores y a aquellos que tienen un compromiso en la Iglesia, el Hermano Ricardo Grzona, frp, nos presenta un camino para "escuchar" la voz de Dios en nuestros días. Tomando al Profeta Jonás como modelo, se nos invita también a repensar que hay "Nínives" en nuestra vida, donde el Señor nos envía a llevar su Buena Noticia. Se nos invita a estar atentos a la voz de Dios que sigue siendo actual.

Agradezco al Hermano Ricardo y a la Fundación Ramón Pané, este esfuerzo por ayudar en la espiritualidad de los que emprendemos la Gran Misión en nuestro Continente.

Card. JORGE MARIO BERGOGLIO, S.I.
Arzobispo de Buenos Aires

Buenos Aires, 6 de Enero de 2012
Solemnidad de la Epifanía del Señor

Introducción

Espiritualidad Hablar en este tercer milenio de espiritualidad y, sobre todo, de oración, podría parecer, para alguno, una fantasía salida de alguien que consumió algo extraño que lo sacó fuera de la realidad. Sin embargo, en mi experiencia como catequista y como maestro dedicado a enseñar a orar a niños, adolescentes, a jóvenes y a adultos, podría decir todo lo contrario.

Nueva Era Estoy escribiendo, justamente, cuando en la televisión pasan en diversos canales cantidades de programas referidos a las "otras dimensiones" y de cómo las diversas generaciones han buscado una relación con la dimensión que va fuera del tiempo, mucho más allá de lo medible. Si hoy hiciéramos una encuesta, encontraríamos mucha gente que cree en "un dios o divinidad" que está fuera de las dimensiones espacio-temporales, pero que sin embargo podría relacionarse con los seres humanos.

Confusiones En nuestros días muchos grupos pseudo-religiosos invitan a las personas a unirse en una *"interacción"* con la *"gran energía"* creadora de este mundo. Y aquí creo que radica hoy la **gran confusión**. Desde el principio, Dios se nos ha presentado como un Dios Personal; Dios se nos presenta **como alguien**, no como algo. **Despersonalizar a Dios, ha sido un triunfo de un sistema anárquico de falsa religiosidad.** ¿Cuál es el logro de estos grupos? Que los seguidores de ellos queden totalmente confundidos en su identidad personal, pues no pueden comunicarse con un Dios personal. Por lo tanto se contentan con ejercicios para tranquilizar la mente, serenar los vacíos existenciales, pero en su interior sigue habiendo un vacío de comunicación interior y exterior. Tal vez, algo parecido, nos quiso explicar durante la homilía el Cardenal Ratzinger, cuando inició el cónclave que luego lo convertiría en Su Santidad Benedicto XVI: *"La dictadura del relativismo"*:

"Cuántos vientos de doctrina hemos conocido en estas últimas décadas, cuántas corrientes ideológicas, cuantas modas del pensamiento… La pequeña barca del pensamiento de muchos cristianos con frecuencia ha quedado agitada por las olas, zarandeada de un extremo al otro: del marxismo al liberalismo, hasta el libertinismo; del colectivismo al individualismo radical; del ateísmo a un vago misticismo religioso; del agnosticismo al sincretismo, etc. Cada día nacen nuevas sectas y se realiza lo que dice san Pablo sobre el engaño de los hombres, sobre la astucia que tiende a inducir en el error (Cf. Efesios 4, 14). Tener una fe clara, según el Credo de la Iglesia, es etiquetado con frecuencia como fundamentalismo. **Mientras que el relativismo, es decir, el dejarse llevar «zarandear por cualquier viento de doctrina»,** *parece ser la única actitud que está de moda.* **Se va constituyendo una dictadura del relativismo *que no reconoce nada como definitivo y que sólo deja como última medida el propio yo y sus ganas.*"** Homilía del Cardenal Ratzinger en la Eucaristía antes de comenzar el Cónclave que lo elegiría Papa.

He conocido muchos evangelizadores que, aun habiendo estudiado seriamente la doctrina y espiritualidad de la Iglesia Católica, han caído en trampas donde todo los temas "místicos" siguen siendo manipulados y ellos mismos se vuelven profetas de estas señales, **en vez de ser profetas del Dios verdadero** que nos invita, a los seres humanos, a vivir completamente como Él nos lo pide. Esta situación es triste, es lamentable, pero es así.

Mística Católica

En el Sínodo de la Palabra (Octubre de 2008), al que tuve el honor y la gracia de ser invitado por el Santo Padre Benedicto XVI como participante

Revelación según la Iglesia

auditor, se dijo innumerables veces que la Iglesia Católica entiende **la Revelación, solamente desde las Sagradas Escrituras.** Siguiendo los documentos oficiales de la Iglesia, (por ejemplo Dei Verbum, Concilio Vaticano II) **no debemos esperar otras formas de Revelación,** ya que todo lo que Dios quiere decirnos, nos lo ha revelado en lo que hoy entendemos como la Biblia. Si bien pudieran existir las revelaciones privadas, éstas no pueden contradecir lo que en las páginas sagradas tenemos como tradición bimilenaria de la Iglesia y del cristianismo en general.

Dios es personal

En el momento que vivimos, hoy en día, **el desafío más grande para el cristianismo es volver a recordarnos a nosotros mismos que no podemos seguir diciéndonos cristianos solamente por la realización de ritos exteriores, sino manteniendo un contacto personal con un Dios personal** (es más, con cada una de sus tres divinas personas). Y es a través del diálogo que Dios inicia con nosotros, a través de su Palabra, luego de meditarla, donde **nuestra respuesta va dándole un sentido nuevo a nuestra vida.** Siempre el diálogo ha sido la forma de comunicarnos para ir re-direccionando nuestra vida.

Diálogo: palabra que usamos para decir que son dos los que comunican y escuchan (dia – logos = palabra entre dos). Y aquí debemos plantearnos:
- ¿A quién escuchamos?
- ¿Qué es lo que escuchamos hoy?
- Y sobre todo ¿qué es lo que escuchamos sobre Dios, o de Dios?

Comunicación con Dios

Cuántas voces hay hablándonos de Dios, inclusive con nuevos mesianismos. Sería bueno preguntarnos si estas formas nos ayudan a relacionarnos con Dios donde Él habla, yo escucho, pregunto, entiendo, pongo mi voluntad para hacer mío este anuncio y comienzo una vida diferente. Porque un buen diálogo cambia nuestra manera de pensar, y pensando diferente cambiamos nuestra manera de vivir.

«Cambien su manera de pensar para que así cambie su manera de vivir y lleguen a conocer la voluntad de Dios, es decir; lo que es bueno, lo que le es grato, lo que es perfecto». Romanos 12:2

El Libro de Jonás en la Tradición Judeo-Cristiana

Detalles y memoria de Jonás

¿Quien, desde niño, no escuchó sobre Jonás?, o vio unas imágenes, libros, pinturas y hasta películas sobre el tema de Jonás... Y lamentablemente, sólo se han quedado en un detalle, que tal vez es uno de los que tiene una importancia menor: El famoso pez que se tragó a Jonás. (Aunque en muchos lugares todavía se piensa en una ballena).

Escenas de Jonás

Confieso que sí me llamó la atención desde niño, y así fue porque hasta Walt Disney pone imágenes en sus películas con esta escena. Es lógico que nos pasara eso a nosotros cuando éramos pequeños.

Cambio en la imagen de Dios

En muchos de los libros que leo sobre Jonás, los autores nos dicen siempre que el trasfondo es el mismo: Aquí, en este libro hay un gran **cambio en la captación del misterio y de la presentación de Dios para el pueblo de Israel.** En la historia de este pueblo, Dios se fue manifestando poco a poco... desde Abraham en adelante, Dios, a medida que la comprensión y la cultura del pueblo iban avanzando, podía mostrar una faceta nueva de sí mismo:

- Al principio Él era uno en medio de otros dioses,
- Luego, el pueblo se fue dando cuenta de que los otros dioses que tenían los demás pueblos que los rodeaban, no eran tales, sino imaginaciones de las personas y, obvio, creaciones humanas (ídolos).
- El Dios verdadero es el creador de todas las cosas, el dueño de todo, y tiene a Israel como su pueblo.

Tal vez por eso se despreciaba a otros pueblos: porque no conocían al Dios verdadero, que sólo se había manifestado comenzando por Israel.

Pero, los sabios de aquel entonces, descubren algo, un nuevo rostro del único Dios verdadero: Él

JONÁS, CONVIÉRTETE - Lectio Divina

ha elegido al pueblo de Israel, para que lo anuncie a los demás pueblos y por sobre todas las cosas, que anuncie que **Él es un Dios de amor, de perdón, de misericordia.** Y que a través de ese pueblo, Israel, va a anunciar la salvación.

Nuevo rostro del Dios revelado

Por supuesto, como en todas las culturas, hay resistencias a nuevas formas de entendimiento de Dios. Tal vez, mucho de esto, es para justificar sus conductas, preferían tener al Dios de los Ejércitos, que ayudaba a Israel en las luchas contra sus enemigos. Siempre, en todas las agrupaciones desde lo religioso, hay quienes apuestan por conservar tradiciones y no se animan a descubrir estos nuevos enfoques del único Dios.

Resistencia al cambio del Dios revelado

Por eso, esta narración sobre Jonás, más que de un profeta, se trata de una crítica que los hombres piadosos y verdaderos creyentes del momento, hicieron sobre algunos líderes religiosos que obligaban al pueblo a quedarse con sus creencias. *"Sólo nosotros somos el pueblo elegido"* entendían, y por lo tanto, no hay salvación fuera de nuestro pueblo. (No puedo ocultar que al escribir esto siento y percibo cosas muy parecidas que pasan en nuestra Iglesia hoy en día).

Jonás es un libro de crítica

Jonás es la representación del Pueblo, que está muy contento y estancado en su ritualismo en el templo de Jerusalén. El mismo nombre del Profeta ya nos indica algo. El nombre Jonás significa "palomo". ¿Se han puesto a pensar porqué? Bueno, para eso, debemos remitirnos a la época en que fue escrito (muchos estudiosos lo sitúan cercano al Siglo IV antes de JC). Los Israelitas observaban mucho estos animales, incluso leemos tantas veces en que aparece la paloma en los escritos de la Biblia. ¿Qué hace la paloma? Este animal, muy distinto de los otros pá-

El pueblo no quiere convertirse

jaros está siempre muy cerca del nido *"como palomas vuelan a su palomar"* (Isaías 60,8) dice el texto bíblico. Y en sí, su nombre, es ya una crítica a los mismos judíos piadosos, que están muy contentos en Jerusalén y no quieren salir a anunciar lo que ya saben de Dios. El palomo que está en su palomar es, en realidad, el pueblo y sus líderes, que no quieren hablar de Dios a otros pueblos. Es más, creen que ya son una raza escogida, que sólo deben seguir cumpliendo con unos mandamientos estrictos.

Lo que Dios desea

¿Cómo hacerles entender que *"misericordia quiero y no sacrificios"*? (Oseas 6,6). Un pueblo ha pasado siglos sacrificando animales en el templo de Jerusalén, para **"contentar a Dios"**. Y cómo hacerles entender que si Dios creó todo lo que existe y también hizo al ser humano a su imagen y semejanza, es toda la humanidad la depositaria de sus bendiciones...

No encerrar a Dios

Es en este entorno donde surge este relato profético. El libro del Profeta Jonás es un severo llamado de atención a quienes pretendan, por un lado, creer que la Salvación sólo la tiene, la posee y la administra un grupo selecto de personas. Y por otro lado, revela un aspecto de Dios que va más allá de la justicia y es la misericordia.

Buscando la vocación de discípulos del Señor

No pretendo hacer una exégesis muy depurada, porque la intención de este libro no es científica, sino más bien de apoyo a una vida espiritual de todos aquellos cristianos que ejercemos una vocación para anunciar la buena noticia. Catequistas, evangelizadores, animadores de comunidades, guías espirituales. Para todos los que nos dedicamos a seguir nuestra vocación en la Iglesia, **es momento también de releer al profeta Jonás**, con los mismos ánimos con los que fue escrito, para descubrir nosotros también, cuán parecidos somos a Jonás.

Por algún motivo, este libro de Jonás, quedó en el "Canon" bíblico. Es decir en la "medida" en que la Iglesia, entendiendo cuál es el mensaje de Dios, lo dejó como parte de la Revelación escrita. Esto quiere decir que hoy nos está hablando Dios mismo a través de este libro. Y nos surge la pregunta:

Dios me sigue hablando

> ¿Qué quiere revelarnos Dios a través de este escrito?

Sobre todo por ser éste tan cargado de simbolismos, la primera tentación es tomarlo como un lindo relato, lleno de una fantasía que lleva hasta los límites extremos nuestra imaginación. Algo simpático, algo curioso, que luego de leerlo, incluso de hablar de este texto, mi vida no cambia nada, sigo siendo el mismo, y todo pasó a un plano de historias simpáticas.

Distinguir la imaginación de la esencia del relato

Pero… ¿será esto lo que quiere Dios hoy de nosotros al leer este libro?

Algún autor sugiere que para comprender el libro de Jonás, hace falta entender algo de humor en los escritos sagrados. Porque sólo con el humor, es que se manifiesta algo de una manera, pero en realidad irónicamente se está diciendo otra cosa. Si captamos esta ironía es que podremos captar el mensaje de Dios en el libro de Jonás.

La ironía en el libro de Jonás

En una primera lectura del Libro de Jonás, podríamos tomar como síntesis tres temas fundamentales:
- **El amor inconmensurable** de Dios misericordioso.
- La **comodidad de jefes religiosos que están instalados** en sus creencias y en unas formas religiosas exclusivistas (que excluyen a los que no practican como ellos y por lo tanto estas formas son rechazadas por Dios).

- La **conversión, que es buscar siempre la voluntad de Dios,** más que nuestra voluntad, abriendo un horizonte sobre nuestras ideas preconcebidas sobre Él.

EL MÉTODO DE LECTIO DIVINA,
PARA UNA LECTURA ESPIRITUAL Y ORANTE

Hay muchas formas de acercarse a las Sagradas Escrituras. Algunas de lo más insólitas. Pero entre todas, quiero escoger el método llamado **Lectio Divina**. Y lo haré por varios motivos:

La Biblia y la Oración en los primeros cristianos

Lectio Divina es en realidad el primer estilo de leer la Biblia. Los monjes del desierto en el siglo II se pasaban su vida leyendo rollos de las Sagradas Escrituras intentando revisar su vida con la Voluntad de Dios. Luego, en el siglo III comienzan a unirse estos ermitaños en comunidades que se llamaron **cenobios** o comunidades cenobíticas. Allí es cuando toma auge este método y lo sabemos por cartas que hablan de esto como la **lectura** y **meditación**, como la **oración** y la **contemplación**. Éste es en realidad el método cristiano por excelencia. Luego, los **Padres de la Iglesia** tienen escritos donde hacen mención al método (recordemos la importancia de conocer la "patrística" que es el estudio de aquellos que leyendo la Sagrada Escritura, la van plasmando en formas concretas para la Iglesia).

Biblia es fundamento de la Teología

Por algún motivo la escolástica en el siglo XII deja de lado a la patrística para dedicarse a la especulación filosófico – teológica. Por lo tanto, internamente en la Iglesia hay una reforma de los estudios y en su ordenamiento desde la filosofía griega de Aristóteles, se reordena la teología cristiana de occidente. Pocos siglos después se propone como único libro de base la Summa Teológica, ordenando las verdades de la fe. Y por lo tanto, la Biblia pasa a un segundo plano en la teología ordenada desde la filosofía. La Sagrada Escritura sólo se reservó a la liturgia y celebración de los Sacramentos. Desde el Concilio de Trento la Biblia vivió 400 años de "hibernación". El método de Lectio Divina quedó reservado a los monasterios que gracias a Dios la conservaron hasta el presente. El Concilio Vaticano II retoma con fuerza el movimiento bíblico del Siglo XX y ahora, prácticamente volvemos, junto con toda la Iglesia guiada por los sucesores de Pedro, a leer la Biblia con el método de **Lectio Divina.**

Son pasos muy sencillos, y sólo quiero hacer un recordatorio para ayudar a la memoria.

Repasemos los pasos de la *LECTIO DIVINA:*

La lectura no es cualquier lectura, como un cuento, o una novela. Es Palabra de Dios. Por eso mismo, nuestra primera actitud es de fe, invocamos la presencia del Espíritu Santo, autor e inspirador de los textos sagrados. A esta etapa, antes de iniciar la llamamos:	**Partimos de la base de la fe**

INVOCACIÓN AL ESPÍRITU SANTO

Luego, comienza el **primer paso**, que debe hacerse con la mayor dedicación. No es para ir rápido, sino para ir investigando, conociendo, revisando, buscando entender de qué se trata. Por eso, **leemos varias veces el texto en su contexto (no sea que hagamos pretextos).** Nuestro idioma español cuenta con casi treinta versiones aprobadas por la Iglesia Católica. Es bueno que leas una traducción seria y recomendada. Puedes también, si tienes la ocasión de tener en tu comunidad otras de estas traducciones, confrontarlas para ver cómo se ha tradu-	**Primer paso**

cido el texto en formas diferentes. Recuerden que cada traductor desde los idiomas originales hebreo y griego, es un intérprete cultural y puede usar muchas y diversas palabras para expresar esas ideas, especialmente cuando hay riqueza de palabras para decir una idea. Cuando toca leer un texto hay que conocer al autor material, su tiempo, su espacio, su cultura, su forma de vivir. También revisamos los verbos, las frases, las personas que hablan o que hacen algo... es decir, tratar de iluminar con los estudios que se tengan a mano la misma Escritura. Así la entenderemos mejor.

A este paso o escalón lo llamamos:

> **LECTURA**
> La pregunta que nos hacemos aquí es:
> **¿Qué dice el texto?**

Segundo paso Una vez leído el texto, con estos aportes del entendimiento, damos un paso siguiente. Un nuevo escalón **donde el texto bíblico leído pasa a ser el espejo donde yo me veo reflejado.** Ya no es el personaje bíblico el que estoy analizando, sino que a partir de este texto, yo me estoy dejando "leer" por la Biblia. Dios me mira, Él me conoce por completo como soy, no puedo ocultarle nada. Por eso, este paso para algunas personas es un poco incómodo, porque no desean ningún cambio (hay muchos que se quedan en el estudio bíblico solamente y ahí terminan todo su esfuerzo). Eso me hace acordar a aquellos cristianos que sólo sienten que el cristianismo les aporta alegría y no les exige ningún compromiso. Por eso muchos se quedan sólo en el primer escalón y nunca más vuelven a subir. Aquí es cuando la Palabra me, o si estamos en grupo, nos ilumina.

Este paso o escalón se llama:

MEDITACIÓN

La pregunta que nos hacemos en este paso es:
¿Qué me dice el texto, hoy, a mí, en mi vida?

Normalmente las ayudas se hacen con preguntas, y para el inicio como principiantes de la práctica de la **Lectio Divina** está bien que orientemos al lector. Luego, serán preguntas que surgirán del texto mismo, y desde nuestro corazón las vamos haciendo resonar.

Tercer paso

Nuestro encuentro es, primero, con la Palabra de Dios que me habla, luego, con nosotros mismos para seguir en diálogo con el Dios personal que habla (en la Lectura) y me habla (en la Meditación), (hemos pasado dos escalones) me llevan a mí a darle una respuesta a Él. Debo pasar al tercer escalón. Es de muy mala educación que alguien me hable y yo no conteste. Mi manera de responder a Dios se llama:

ORACIÓN

La pregunta aquí es:
¿Qué le respondo a Dios que me habló primero?

Y Orar no es rezar o recitar oraciones que otros escribieron. Éstas pueden servirme como síntesis para atravesar este escalón. Pero la oración debe surgir del corazón, de la vida interior. Algo que sale de mi interior para decírselo a Dios, manifestarle lo que tengo en mi vida. Como persona concreta tengo una situación de vida especial, que el Señor conoce, y que ahora puedo ver iluminada con el texto bíblico. También puedo pedirle por algo, pero siempre en la clave de respuesta a su Palabra.

Orar es responder a Dios que habla primero

Cuarto paso Cuando entiendo que mi respuesta ha sido dada, voy a llegar a otro escalón o paso de **Lectio Divina**. Es en donde debo buscar la sustancia, la médula, la centralidad. Aquí es donde me propongo recordar (recordar = es volver a poner en el corazón). Aquí mi propuesta debe ser **mantenerme en diálogo para custodiar esta Palabra que se me ha confiado**. Voy a tomar la frase que entiendo es la principal en mi vida y la voy a ir haciendo vida en mi vida. La contemplación comienza, pero no termina. Sigue dándonos vuelta en la mente y en el corazón (como María que *"guardaba todas estas cosas en su corazón"* Lucas 2,51). A este paso o escalón lo llamamos:

CONTEMPLACIÓN

Y la pregunta que nos hacemos es:
¿Cómo interiorizar esta Palabra?

Y aunque muchos autores quieran exponer que el ejercicio de **Lectio Divina** termina aquí, porque muchos monjes se quedaban en este cuarto escalón, hoy se hace necesario revisar profundamente y descubrir que nos queda un escalón más aún por continuar. Y es que debemos plantearnos seriamente:

Si Dios habló en la
Lectura,
nos habló directamente a nosotros en la
Meditación,
si luego nosotros le contestamos en la
Oración
y estamos interiorizando en la
Contemplación...

la pregunta es obvia:
¿Cómo vamos a vivir de ahora en adelante con esta experiencia de Dios?

Porque si luego de este momento de oración con la Biblia, que decimos firmemente ha sido un encuentro con el Señor, mi vida sigue igual... pues entonces:
o no hubo tal encuentro,
o yo soy un farsante que juego a la religión (muchos hacen esto).

Mi vida debe desembocar, como dijo el Papa Benedicto XVI, en un una vida coherente de adhesión a Cristo y su mensaje. (Jornada Mundial de los jóvenes 2006). A este paso que nos invita a caminar con la Palabra lo llamamos:

Quinto paso

ACCIÓN

La pregunta que nos hacemos es
¿Qué va a cambiar en mi vida?
¿Cuál será mi conversión?

Hermanos y hermanas, antes de entrar en el tema, creo muy importante recalcar que, si los cristianos que vivimos en la Iglesia Católica, no nos convertimos de verdad, el mundo y luego las próximas generaciones nos acusarán con justa razón. Hay tantos católicos nominales, incluso muchos que dicen "ser católicos prácticos". Pero la práctica se refiere solamente a la participación en la Eucaristía dominical.

Aprendamos a ser católicos prácticos

(Un amigo hace poco hablaba sobre el tema de prácticas, y recordaba el ejemplo de un equipo deportivo. Decía que hacer prácticas, no es estar en el juego, en el partido. Y si los católicos prácticos entendemos así la práctica estamos mal... ¡Cuánta razón tiene! Lo mismo puede decirse de los estudiantes que hacen prácticas, etc.)

Amigo lector, me dirijo a ti, para preguntarte ¿en qué tipo de práctica estás tú? **¿No será hora que mostremos el catolicismo en el "juego de la vida"?**

Volverse a Dios

Durante todas las páginas de este libro, quisiera subrayar lo que hasta puse en el título: la **conversión**. No podemos seguir mostrando un cristianismo sin compromiso, donde un jolgorio de canciones y de "estar bien" me llevan a pensar que una comunidad cristiana es más una reunión social que un espacio donde voy a aprender a convertirme; y a hacerlo desde una comunidad.

Retomar la vida desde la Lectio Divina

Por eso, insisto, **la práctica del ejercicio de la Lectio Divina**, vivida como en un **"cenobio moderno"** puede **hacernos volver la mirada al Señor de la Historia.** Aún cuando tengamos tantos siglos perdidos y lejos del Dios de la Palabra, el Espíritu Santo vuelve a soplar sobre nosotros para renovarnos interiormente y para que seamos instrumentos que lleven a otras personas al encuentro con el Señor.

Seamos maestros de oración

No es broma, no es retórica, no es un capricho de los últimos Papas defender un método de lectura bíblica. Es éste un estilo de volver la mirada a la Palabra, con la seguridad de que nuestra Iglesia Católica nos lo solicita, nos lo pide, nos lo suplica. Que la Palabra, con mayúscula en nuestra vida, no caiga como las semillas de la parábola en el camino y que las comieron los pájaros, o como las que cayeron entre piedras y se secaron, o como las que crecieron entre espinos y que las ahogaron. Sino que caiga en buena tierra y dé frutos abundantes (Mateo 13, 3-9). La Iglesia en el futuro nos juzgará por la forma en cómo hicimos oración. Y nos señalará si verdaderamente fuimos capaces de enseñarles a comunicarse con Dios, a través de la oración, a las generaciones siguientes en la historia.

¡Sí, seremos juzgados por esto! Pero les digo a ustedes ¡**Ánimo!** Tal vez solos no podemos hacerlo, pero tenemos toda la Iglesia que nos respalda y **un estilo de vida de ser cristianos que debemos rescatar.**

REFLEXIÓN Y LECTIO DIVINA SOBRE EL LIBRO DE JONÁS

Lectio Divina

Sobre el Capítulo 1 del Libro de Jonás

Invocación al Espíritu Santo

Quiero recomendarte que siempre que vayas a comenzar a leer la Sagrada Escritura puedas tener un signo exterior como bajar la cabeza, y reconocer que lo que vas a leer no se trata de un libro cualquiera. Es Dios el que quiere comunicarse. Por lo que el autor de la Biblia es Dios mismo. La Iglesia siempre ha sostenido que el inspirador de la misma es el Espíritu Santo. Él, valiéndose de los hagiógrafos o escritores de la Biblia, dejó plasmado un mensaje. Hoy nos toca interpretar el mensaje.

Vamos a pedirle al Espíritu Santo que nos guíe, nos abra la mente y el corazón para entender qué es lo que nos quiere decir. Un autor decía: "que no resbale por tu Palabra, Señor".

Una oración debe ser sencilla, a manera de invocación, de llamado. No usemos palabras difíciles que a veces ni nosotros mismos entendemos y luego queremos frente a los demás demostrar que sabemos mucho. Eso nos hace daño. Invoquemos a Dios, al Espíritu Santo, que procede del Padre y del Hijo y reconozcamos, en la Sagrada Escritura, su obra para nosotros.

Hacemos un momento de silencio, con una breve oración de invocación al Espíritu Santo y continuamos nuestro ejercicio de lectura orante de la Biblia.

Rehaciendo el texto del Capítulo 1 del Libro de Jonás

Diversas traducciones

Hoy tenemos muchas traducciones de la Sagrada Escritura. Tú debes tener la tuya y por lo tanto, éste es el momento de leer el capítulo primero completo. Es muy corto, son sólo dieciséis versículos.

Queremos que lo leas de tu propia Biblia

Señala lo que te parece más importante, también señala lo que no entiendas. (Puedes tener un cuaderno de anotaciones o señalar con signos en la Biblia) Algo que se destaque. Luego, si estás en grupo, comparte con los demás estas cosas del texto Bíblico.

Texto y comentario

En estos momentos es muy importante ir al inicio del libro y leer todo lo que se diga sobre este libro de Jonás. Son los comentarios introductorios a cada libro de la Biblia. Ahora, lee el comentario del libro de Jonás, porque nos dará un marco de referencia. Normalmente, todas las Biblias católicas tienen una introducción a cada libro; acostúmbrate a esta práctica.

> **Hay que leer el texto en su contexto, para no hacer pretextos.**

Como no quiero favorecer una traducción sobre otra, voy a parafrasear el capítulo 1. Pero para este tiempo, tú ya debes haber leído por completo en tu Biblia el mismo capítulo. Esta paráfrasis no pretenderá reemplazar la lectura del texto bíblico. Éste es necesario leerlo varias veces. Ahora, esto será como una síntesis, como un repaso.

Al principio vemos cómo Dios se dirige a Jonás por su nombre, lo llama en su ambiente y le pone una misión: *"Levántate para dirigirte a Nínive"*. Allí, Jonás debe anunciar que Dios ha decidido destruirla porque ha llegado hasta Él su maldad. (versículos 1 y 2) **1**

Sin embargo Jonás, en lugar de estar disponible a lo que Dios le pidió, **bajó** al puerto de Jope, luego **bajó** a un barco y allí **bajó** a la bodega del barco. El barco salía para el extremo opuesto donde lo enviaba Dios: el barco iba para Tarsis. (versículo 3) **2**

Entonces, Dios mandó sobre el mar una tormenta muy fuerte en la que el barco parecía romperse y todos estaban muy asustados Tiraron toda la carga para ver si esto ayudaba. Cada marinero, llegado de diferentes lugares, invocaba a su dios. Mientras tanto, Jonás dormía en la bodega del barco. (versículos 4 y 5) **3**

El capitán del barco fue a reprender a Jonás y le pidió que se pusiese a orar a su Dios para que los ayudara en este momento tan difícil, a ver si escuchaba las oraciones de Jonás. (versículo 6) **4**

Como la tormenta seguía con toda fuerza, utilizaron un método de "echar suertes" para ver quién era el culpable de la desgracia y todo recayó en Jonás. Los marineros le preguntaron sorprendidos, cuál era el motivo de este problema, de dónde era él, de qué país, de qué raza y qué hacía en ese barco. (versículos 7 y 8) **5**

Jonás dijo claramente que él era hebreo y que rendía culto al Señor, dueño del cielo, la tierra y el mar. (versículo 9) **6**

7 Jonás les contó a los marineros que huía de Dios, de la misión que le había dado, y ellos se aterraron, porque el mar se embravecía más y al ver que realmente era culpable, y para poder salvarse, le preguntaron qué podían hacer y Jonás les dijo "tírenme al mar y el mar se serenará". Y él se declara culpable de que haya venido esta gran tempestad. (versículos 10 al 12)

8 Pero los marineros sintieron pena e hicieron más esfuerzos remando para llegar a la orilla, pero no podían, porque cada vez las olas eran más fuertes. Finalmente deciden tirar a Jonás por la borda, pero le piden a Dios, ¡sí, al Dios de Jonás!, que no los deje morir, y que si Jonás es inocente no los juzgue con severidad porque "tú actúas según tu voluntad" le dijeron a Dios. Y lo tiran al mar. (Versículo 13 y 14)

9 Cuando tiraron a Jonás al mar y habiendo terminado la oración, el mar se calmó inmediatamente. Al darse cuenta ellos de lo que había pasado, tienen una conversión hacia el Dios único y verdadero. Y oran en acción de gracias y le ofrecen sacrificios (muy común en esa época) y sus promesas de seguirlo. (Versículos 15 y 16)

LECTURA
(LECTIO)

¿Qué dice el Señor en el Texto?

Si volvemos a leer estos dieciséis versículos, nos damos cuenta de algo muy claro y positivo:

Creer sin aceptar

Jonás cree en Dios, pero no acepta su mandato. Los marineros que no creían en Dios, luego de que Jonás les explicara y viendo lo que pasó, ahora creen y alaban a Dios.

Creer implica aceptar la misión

Nuestra primera conclusión, es que: **el creer en Dios no nos asegura que vamos por buen camino.** Muchos creen, como Jonás creía en Dios, pero no aceptan vivir de acuerdo a lo que Dios pide. Huyen de su mandato, de la misión que encomienda.

Esta primera parte, nos habla de la vocación, y –no quiero asustar a nadie, pero así es–, lo que les sucede a los que no aceptan la misión que Dios ha encomendado. Siguiendo los números que pusimos al texto rehecho, vamos a ir paso por paso:

• 1 •

a. Jonás, significa Paloma / Palomo. Este animal que se ofrecía como sacrificio en el templo (ver Levítico 5,7-11 y Números 6.10)
b. El padre de Jonás Amitaí en hebreo significa verdad. Es decir que él, Jonás, es hijo de la verdad (aunque no se comporta como tal).
c. Dios le pide a Jonás que se levante (pero él baja tres veces) es decir, desobedecerá al máximo con la triple negación (en los versículos siguientes).
d. Nínive fue la capital del imperio asirio. En el año 612 antes de Cristo, fue destruida por los babilonios. Nunca la reconstruyeron, por eso esta ciudad tiene una referencia simbólica y teológica, más que geográfica e histórica. Cuando se escribió el libro esto ya había sucedido.

• 2 •

a. Notar ya que Jonás en vez de subir a Nínive, baja tres veces (al puerto de Jope, al barco y a la bodega del barco). Es decir una total negativa a la orden recibida. Se dirige hacia el otro lado, tal vez recordando que Nínive había esclavizado a Israel también, y por eso el pueblo de Israel tenía gran distancia contra Nínive y sus habitantes.
b. Tarsis, la ciudad que posiblemente quedaba en el extremo del mar Mediterráneo. Es el sentido opuesto, es ir en dirección contraria.
c. La desobediencia, lo lleva a huir de Dios. Tal vez, pensaba, yéndose lejos, Dios no volvería a pedirle ese favor. Inclusive dice el texto que pagó por

embarcarse y huir. Pero, huir del Señor es algo imposible, ya que Dios es "omnipresente" y Jonás mismo lo declara, cuando lo reconoce como *"dueño del cielo, la tierra y mar"*.

•3• **a.** El texto dice que "Dios lanzó un gran viento y tormenta" al igual que se observa en los textos de la literatura mitológica cuando Zeus lanzaba sus rayos sobre el mar que era lugar del dios Poseidón... Pero es que la furiosa tormenta narrada aquí tiene formas muy similares a estos relatos.
b. Los marineros, que normalmente en un barco son de diferentes nacionalidades y religiones, son hombres de mar. Este término curiosamente en la Biblia hebrea es usado sólo cuatro veces. Ellos están acostumbrados al agua de mar y de ver cómo el mar tiene también distintas formas. Pero, en este caso, están muy asustados.
c. Los marineros claman a sus dioses, cada uno al suyo, porque en el mar no hay un territorio y es un lugar neutro y todos los dioses deben ser invocados; ellos hacen oración, pero nadie los escucha. Ningún dios pagano tiene allí "su jurisdicción"...
d. Es importante notar aquí que, de todos los personajes que aparecen en el libro, el único judío es Jonás. Todos los demás son extranjeros.

•4• **a.** Nuestro Jonás duerme plácidamente en la bodega del barco.
b. Todos oran con fuerza y trabajan. Pero Jonás duerme y este sueño es como un sopor, parecido al de Adán en el paraíso (Génesis 2,21) o también como el de Abraham (Génesis 15,12). Es como un sopor que viene de la indiferencia de quien no está interesado en escuchar ni atender al Dios verdadero.
c. Nuevamente le piden que se levante (como Dios le había pedido a Jonás: "Levántate"), es el capitán del barco, y lo regaña fuertemente. Hay que orar, hay que pedirle cada uno a su Dios. ¡Jonás tú

también debes orar y pedirle a Dios! Es curioso que ahora sea un extranjero quien le pida a Jonás que se ponga a orar a su Dios.

•5•   **a.** Echaron suertes… ésta es una forma lícita de aquel entonces de ver quién era el "chivo expiatorio". Pero también se echaban suertes para otras cosas (como por ejemplo en Isaías 34,17 para el juicio de las naciones; en 1 Crónicas 24,31 para determinar los turnos de los sacerdotes y cantores; en Nahúm 3,17 para destinar a los nobles para el exilio; en Nehemías 11,1 para la suerte lanzada sobre las familias que repoblarían Jerusalén). Suerte significa, en este texto, la certeza de que la acción produjo un efecto. El mar estaba embravecido por la acción de Jonás de huir de la presencia de Dios.

•6•   **a.** Cuando le preguntan a Jonás quién es, él hace su profesión tanto de raza como de fe: **"soy hebreo"**. No es común en la Biblia encontrar este término. Porque hace referencia a Abraham, Moisés y obvio, **"rindo culto al Señor creador y dueño del cielo, la tierra y el mar"**. Es justo el mar por el que van atravesando, en el que Dios reina con majestad. Y esto asustó más a los marineros. **Jonás no podía huir de Dios, porque Él está en todos lados.** Especialmente en todo lo que vemos y conocemos…

b. Pero el interrogatorio al que es expuesto Jonás, para permitirle defenderse (como lo manda el Deuteronomio 1,16-17), hace que Jonás pruebe que su Dios está por encima de todos los otros dioses de los marineros, que ahora sufren esta tempestad, por culpa de la desobediencia de Jonás. Esto pone a los marineros con el deseo de ver cómo calmar al Dios de Jonás, que se dan cuenta que es más importante que todos los dioses de ellos.

•7• **a.** Jonás aclara que hay que ofrecerlo en sacrificio, tirándolo al mar, para que se calme. Es un sacrificio ritual, al señor creador y dueño del mar, hay que lanzarle a este "desobediente".

•8• **a.** Lo primero que hicieron los marineros no fue tirarlo al mar, sino que tuvieron misericordia de Jonás. Esto fracasó, pero hace ver la buena intención que tenían ellos de no condenar a Jonás.
b. Ante el fracaso, porque el mar crecía cada vez más en sus olas, se ponen a orar al Señor. Oración como cuando se hace un sacrificio. Ante la grandeza de Dios, ellos se someten a dar culto al Dios anunciado por Jonás, el creador y dueño del cielo, la tierra y el mar.
c. La oración de los marineros es otro acto de fe, no nos *"culpes si es sangre inocente"*, le decían y también *"Tú, que hiciste todas las cosas, actúas según tu voluntad"*.
d. Jonás es ya el último peso que van a tirar al mar. Los marineros rezan una oración ritual que los libra del homicidio culposo. Pero quedan más atemorizados ante Dios cuando ven las señales.

•9• **a.** Reverencia al Señor fue lo que sintieron los marineros. Ellos ahora se han convertido en **seguidores fieles del Creador y dueño del cielo, la tierra y el mar**.
b. Hicieron promesas, hicieron votos, hicieron sacrificios.
c. Ya tenemos los primeros convertidos del libro de Jonás. Sin quererlo ni buscarlo, estas personas de diferentes culturas, credos, religiones y cultos, ahora son seguidores de YHWH.

MEDITACIÓN ¿Qué me dice a mí hoy en mi vida el Señor en el
(MEDITATIO) Texto?

En la centenaria tradición cristiana, la meditación sigue a una lectura profunda del texto. Meditar es como verse en un espejo, es dejar de leer la Biblia, para dejar que la Biblia me lea a mí.

La Biblia es un espejo que me muestra mi vida

El libro de Jonás no quedó en el canon bíblico por casualidad, ni por ser una historia simpática. Está ahí, porque Dios todavía tiene algo que decirnos a través de esta historia. ¿Qué querrá decirnos hoy? Intentemos seguir estas preguntas que nos ayudarán a poder mirarnos en el espejo de la Palabra. (A veces las preguntas están dirigidas en primera persona, son para pensar interiormente, son individuales, a veces son sugerencias en segunda persona, no es necesario que respondas todas. Tal vez es bueno con mucha tranquilidad leer estas preguntas, pero quedarte, detenerte allí donde sientes que Dios te está diciendo algo especial. Puedes seguir releyendo ese momento y anotando algo importante. Es aquí donde Dios te habla a ti mismo y a tu comunidad. Las preguntas deben ser una ayuda, no una camisa de fuerza para encerrarte, el método es para vivir en la libertad de los hijos de Dios).

Dios nos habla hoy en nuestra vida

Para estas preguntas de orientación, vamos a seguir el orden del Capítulo 1 de Jonás.

¿Me siento llamado por el Señor? ¿Soy consciente de su llamado?

◉ El Señor llama siempre, a cada uno por su nombre. ¿Qué te dice cuando te llama?

◉ ¿Qué sientes en tu corazón, cuando has podido tener un momento donde entiendes claramente que Dios te llama y te envía con un mensaje?

1

¿Hacia dónde me/nos envía el Señor hoy?

◉ Jonás fue enviado a Nínive y no aceptó ir. Se rehusó. ¿Cuál es la Nínive donde Dios me manda hoy?

2

◉ Son los jóvenes que no creen, son los que viven marginados, son aquellos que se cambiaron de religión y hoy son hostiles... ¿Quiénes son los que están en la Nínive actual?
◉ ¿Cuál es tu Nínive? ¿Cuál es mi Nínive?

3 *¿Soy/somos obediente/s al mandato del Señor hoy?*
◉ Escuchar significa también obedecer. El que oye y no escucha (no es lo mismo oír que escuchar), no está llevando a la práctica el diálogo.
◉ En una sociedad que vive tan al margen de la Ley de Dios, ¿cuál es nuestro compromiso?
◉ Muchos viven un Evangelio sin compromisos, sólo de emociones. Lo que gusta en el momento. ¿Seré yo uno de ésos?

4 *¿Qué significa hoy ser obediente?*
◉ Esto sí es más difícil, porque no significa obedecer a ciegas llevándose por delante el mundo incrédulo. Significa escuchar hoy, en mi vida, en mi cultura, en mis planteos cotidianos, cómo obedecer en medio de esta sociedad lejana de Dios.

5 *¿Me dirijo hacia donde me/nos envía el Señor?*
◉ Muchos aceptaron un servicio a la Iglesia, ser catequistas, dirigentes de grupos, etc. ¿basta eso? O ¿eso es el comienzo? Hacia qué lugar (no necesariamente físico, puede ser cultural) nos envía hoy el Señor.
◉ Yo no puedo hablar por ti, eres tú el que debe realmente plantearse esto.
◉ No se trata aquí de leer estas preguntas y avanzar. Si crees que estás cuestionado, vuelve a leer el texto, haz momentos de meditación y pregúntate lo que el Señor te está sugiriendo.

6 Jonás bajó tres veces, en vez de subir *¿Qué significa esto para nosotros hoy? ¿Hacia dónde bajo hoy huyendo del Señor?*

◉ Mucha gente se refugia en la religión, huyendo de sus problemas, de su vida cotidiana, que a veces se hace monótona y mediocre. A veces la misma práctica religiosa, tomada en este sentido, puede ser una forma de "taparle la boca a Dios". Voy a misa, decimos, y ya con eso...

◉ ¿Será sólo eso lo que me pide Dios?

◉ ¿Qué hay para ver hacia adentro nuestro? ¿habrá que cambiar algún vicio en virtud? ¿o eso del cambio, ya está pasado de moda?

◉ ¿Dónde me escondo para que Dios no me busque? En un activismo en la misma Iglesia...Puede ser...

7 ¿Qué podría significar irse hoy en la dirección opuesta donde nos envía el Señor?

◉ Si ya conocemos lo que Dios quiere de nosotros. ¿qué estamos esperando?

◉ Ir hacia lados contrarios, puede ser no asumir una actitud social a favor de quien lo necesita, por acompañar una procesión, estar presente en una celebración... (Jesús lo dijo en la parábola del Buen Samaritano). Recordemos que nuestra vida debe ser en un equilibrio de reflexión, oración y acción.

8 Cuando nos piden testimonio de nuestra fe, ¿hasta qué punto hoy como cristianos nos comprometemos?

◉ ¿Hablamos con claridad sobre nuestra vida cristiana?

◉ En nuestro trabajo, en nuestros estudios, con nuestros amigos... ¿somos cristianos siempre?

◉ ¿Hay algún lugar, alguna actividad donde yo prefiero no hablar de Cristo y su mensaje?

◉ ¿Qué ha aportado Cristo y su mensaje en tu vida personal?

◉ ¿En qué Dios crees? ¿Podrías definir la imagen que tú tienes hoy de Dios? ¿Será la del Dios verdadero?

⑥ Jonás huyó del Señor, ¿huimos hoy los cristianos también? ¿De qué manera?
◙ Tratemos de detectar hoy nuestras formas de huida. Escribamos, señalemos en algún lugar nuestras fallas. También las fallas de la comunidad, sabiendo que todos somos esa comunidad que falla.
◙ Muchos no creyentes reconocen al Dios verdadero. ¿cuál es nuestra actitud para con ellos? ¿Los marginamos porque no vienen a nuestros cultos?
◙ No hay nada más triste en la misma Iglesia que cuando una persona se convierte y viene a la comunidad, esperando una recepción, y nosotros somos incrédulos. Tratamos a las personas que ingresan a nuestras comunidades con cierto desprecio.
◙ Si en nuestras comunidades, nuestros templos los cristianos diéramos un testimonio del amor. No cabría tanta gente.
◙ Te has preguntado ¿por qué el cristianismo tiene cada vez menos fieles? ¿No será que nosotros no estamos dando el testimonio del Dios verdadero?

ORACIÓN (ORATIO)

¿Qué le respondo al Señor a lo que me ha dicho?

Ya hemos visto que Dios habló en la **Lectura**, y me habló a mí en la **Meditación**. Llega el momento en que es necesario responderle. Es muy posible que leyendo en profundidad estos dieciséis versículos se hayan suscitado mociones internas que puedan llevarte a darle a Dios una respuesta.

Aquí puede haber:
- alegría,
- alabanza,
- bendición,
- súplica,
- agradecimiento,
- aun hasta vergüenza por no haber cumplido con sus mandatos….

Es decir, ahora poder comentar con el Señor algo que angustia tu corazón, pero trata de que sea como respuesta desde el mismo tema que Él te pone en la lectura.

Hagamos un momento de silencio, repasando la lectura y la meditación. Que no haya prisas, es momento de dar una respuesta seria, profunda. Ahora, luego que Dios me habló seré yo el que le responderá.

- Dispongámonos a contestarle al Señor, a darle una respuesta.
- Él habló primero, nos habló a cada uno de nosotros.
- ¿Qué le vamos a decir hoy? ¿Qué hay en nuestro corazón para responderle?

Después podemos culminar con esta oración que resume nuestro momento:

> Señor, Tú me llamas por mi nombre,
> Tú tienes para mí una misión.
> Señor tengo miedo,
> no me siento capaz:
> **Señor, yo soy como Jonás.**
> **Señor, yo soy como Jonás.**
>
> Inconsciente estoy, ya no veo,
> Voy en otra dirección.
> Que no sea testarudo,
> Mi felicidad está en juego.
> **Señor, yo soy como Jonás.**
> **Señor, yo soy como Jonás.**
>
> En vez de subir, yo bajo;
> En vez de predicar, yo callo;
> En vez de despertar a otros,
> Me duermo en mi propia tempestad.
> **Señor, yo soy como Jonás.**
> **Señor, yo soy como Jonás.**

Por mi culpa, otros sufren,
Y se pueden perder.
Que el mar hoy me reciba,
El mar de mi propia tempestad.
Señor, yo soy como Jonás.
Señor, yo soy como Jonás.

Señor que el mar se calme.
Tú puedes calmar mi tempestad.
En Ti pongo mi vida
Yo creo que me puedes salvar
Señor, yo soy como Jonás.
Señor, yo soy como Jonás.

CONTEMPLACIÓN
(CONTEMPLATIO)

¿Cómo voy a interiorizar el mensaje?

- ¿Cuál es la enseñanza de este texto que me propongo profundizar?
- ¿Cuál será la idea fundamental, que me comprometo a seguir interiorizando para que se haga vida en mí?

La contemplación es el momento importante, donde resumo todo el proceso vivido anteriormente. El ejercicio de Lectio Divina es una vivencia de encuentro con el Señor.

Podemos repetir algunas de estas frases:

◘ Señor, tengo miedo a tu llamado: dame valor.
◘ Hay una Nínive a la que no quiero llegar, que vea con claridad, dame docilidad.
◘ Señor, tú actúas según tu voluntad. Me pongo en tus manos.
◘ Creo en Ti, Señor, que a pesar de mis infidelidades, no permitas que otros caigan por mi culpa.
◘ Que mi desobediencia no lleve a otros al mar.
◘ Que todos los pueblos te reconozcan, Señor.
◘ Que vea con claridad la misión que me tienes encomendada.

Hermanos y hermanas, este paso de la contemplación en el ejercicio de Lectio Divina se comienza para recordar (llevando al corazón) pero no cerremos la oportunidad para convertirnos en orantes permanentes.

Llévate estas (u otras) frases en el caminar de tu vida, puedes volver sobre ellas en los momentos de la cotidianidad. (Quienes nos enseñaron esto, los primeros monjes, se iban después de la oración, al silencio contemplativo. No hacían silencio por otra cosa más que para poder seguir repitiendo en su corazón haciendo eco a la Palabra dada por Dios). Puedes seguir pensando, reflexionando y contemplando durante muchos días este texto. Estoy seguro que Dios mostrará tu camino, si tú pones la paciencia de seguir dándole vueltas a estas ideas.

(Un joven, a quien le enseñamos el método de Lectio Divina, me escribió hace poco, diciéndome que el ejercicio que le habíamos enseñado sobre el joven rico, a él le había dado vueltas en la cabeza durante más de dos años la pregunta del joven a Jesús *"¿qué más me falta?"* (Mateo 19, 20). Y que esa reflexión lo llevó finalmente a desear entrar al seminario. Pero con este proceso de contemplación ¡¡¡pasó más de dos años!!!)

¿Qué va a cambiar en mi vida después de este diálogo con el Señor?	**ACCIÓN** *(ACTIO)*

- ¿A qué cambio me lleva esta lectura?
- ¿Qué debo / debemos hacer para demostrar que sí estamos comprometidos?

Llegó el momento de dejar la práctica para disponernos a **"jugar en el partido de la vida"**. Alguien de afuera podría decirnos: todo está muy bonito, pero ¿y ahora qué?. Ésta es la pregunta para ti: ¿y ahora qué? Es un momento muy claro donde tú te dispones a llevar una vida con un aspecto diferente. No puedes ser el mismo. ¿Qué cambio (aunque sea muy sencillo) te pide Dios? Puede ser un cambio interior, puede ser algo exterior. Pero sí debe haber un cambio.

Nos decidimos en forma de una propuesta concreta a descubrir cuál es "la Nínive de hoy" en mi vida, allí dónde me envía el Señor a anunciar su Evangelio. Y, por lo tanto, decidirse a ir a ese grupo, cultura, personas concretas que hemos estereotipado para aprender sus formas de entendimiento y llegar con la Buena Noticia.

Evangelizar en todo tiempo y lugar, sin importar el momento. Sembrar la semilla a todos.

Momento de acción de gracias

Culminamos este ejercicio con una oración de acción de gracias, con un canto, con algo que nos llene de alegría por este momento de encuentro con el Señor y que nos motive a poder cumplir las promesas que hicimos en la oración.

Lectio Divina
Sobre el Capítulo 2 del Libro de Jonás

Invocación al Espíritu Santo

Ponerse en la presencia de Dios

Comenzamos nuestro ejercicio de Lectio Divina del segundo capítulo del profeta Jonás. Y, como siempre, la recomendación de iniciar este momento invocando a Dios. Puedes tomar conciencia haciendo primero la señal de la cruz. Éste es el signo externo católico por excelencia. Señalar en tu propio cuerpo, el recuerdo por un lado de la cruz salvadora de Jesús, el Cristo y, por otro lado, nombrando en tu propio cuerpo las personas divinas.

Hacer una lectura creyente

Una vez realizado el gesto, consciente de lo que significa, invoca al Espíritu Santo, Él ha inspirado esta oración que vamos a tomar en la Biblia. Que Él vuelva a inspirarte a ti para leerla, profundizarla, hacerla tuya. Tómate unos momentos para invocarlo con palabras sencillas y claras, sin voces fuertes, sin gritos como hacen algunos, que sea algo en paz, donde tu fe te lleva a invocar a Dios Espíritu Santo para que te recuerde (volver a poner en el corazón) esta oración tan bella de Jonás.

Rehaciendo el texto del Capítulo 2 del Libro de Jonás

Lee desde tu propia Biblia

Quiero recordarte que para hacer este ejercicio tienes que tener el texto bíblico, es decir una Biblia. Lo que te ofrecemos ahora es un recuento, a modo de recordar el texto con otras palabras. Pero esto no sustituye la lectura de la Biblia. Esta oración es muy breve y debes leerla de la traducción de la que tú acostumbras. Cada traductor hace énfasis en algunos aspectos y si estás en grupo y los demás tienen otras traducciones es bueno siempre comparar cómo se traducen desde los originales los textos. A veces suena parecido, a veces es más comprensible en otras traducciones que en la que yo uso. Por eso siempre recomendamos poder leerlo de la mayor cantidad de traducciones que estén aprobadas por la Iglesia Católica.

Dependiendo la fuente que se tome, este texto puede comenzar o bien en el último versículo del capítulo 1 o bien ya directamente en el 2. Seguiremos esta numeración, y recuerda que la división en capítulos y versículos es muy posterior a la escritura de la Biblia, por eso no siempre es exacta. Lo importante es que ya hayas leído de tu propia Biblia el texto y luego veas este resumen.

1 Dios dispone que un pez se trague a Jonás y el profeta pasa tres días en el vientre de este pez.

2 Desde el vientre del pez, Jonás se pone en oración.

Comienza su oración con el reconocimiento personal de su angustia, pero inmediatamente dice que Dios lo escuchó y respondió. **3**

Luego Jonás se siente en las profundidades de la muerte, y desde esas profundidades clama a Dios y que lo escuchó. **4**

Entiende que ha sido arrojado a lo más hondo del mar y que las corrientes y las olas pasaban sobre él. Lamenta no poder volver a ver el Templo. **5**

Se reconoce interiormente como echado de la presencia de Dios. Aunque estaba en el mar se siente en el fondo de la tierra, prisionero de ella, pero insiste que Dios lo salvó de la muerte. **6**

Entró a sentir que la misma muerte lo buscaba, se le iba la vida, pero en ese momento se acordó de Dios, y aunque estaba en las profundidades, su oración llegó hasta el Santo Templo de Dios. **7**

Recuerda unos textos antiguos, donde declara que los que siguen a los ídolos, dejan de alabar al verdadero Dios. **8**

Entonces se acuerda de que con una voz de gratitud por haberlo salvado, le ofrecerá nuevos sacrificios y ahora sí cumplirá las promesas que le había hecho. Y culmina esta oración dando testimonio de que sólo Dios puede salvar. **9**

El relato termina con el pez vomitando a Jonás en la playa. **10**

LECTURA
(LECTIO)

¿Qué dice el Señor a través del texto?

Esta oración puesta en labios de Jonás en el interior del gran pez, podríamos decir que es una joya literaria y un modelo de oración que es válido y necesario en estos momentos en que nos toca vivir.

Dios precisa de Jonás

Aun en medio de todas las historias que puedan contarse sobre Jonás, y las narraciones que este relato puede desarrollar, lo más importante, relevante, es que en primer lugar, aunque Jonás es lanzado al mar, Dios ha dispuesto este pez para rescatarlo. No se trata de algo fortuito, es algo que Dios dispuso, porque necesitaría nuevamente a Jonás en tierra firme para dar su mensaje.

La buena oración es la más sencilla

Esta oración que tiene tantas palabras en español, en el hebreo sólo cuenta con veintitrés palabras para describir la situación completa. Esto mismo nos hace caer en la cuenta, y preguntarnos si para orar necesitamos tantas palabras o basta con una síntesis de lo que queremos exponer y luego ponerse en manos del Señor.

Dios siempre escucha

En toda esta oración como un salmo que recita Jonás, la importancia radica en poner de manifiesto la misericordia de Dios para con su elegido y la disposición que Él tiene para escuchar y actuar a favor de quien acude a su divinidad. Dios siempre escucha.

Analicemos esta Oración / Salmo

Comenzar la oración desde la realidad

Primero comienza reconociendo su angustia y su impotencia. Se reconoce en su mala acción. Sin embargo desde el principio dice que Dios le respondió y que Dios lo escuchó (es una respuesta siempre positiva).

En segundo lugar, al reconocer su falta, se entiende lejos de Dios. Pero, siempre termina diciendo que Dios lo salvó, aún de la muerte. (Notemos que siempre la oración de Jonás habla desde un presente tortuoso, pero con una seguridad del futuro venturoso. El salmo siempre lleva a una alegría positiva en un futuro donde Dios actúa).

Reconocer las debilidades propias y las fortalezas de Dios

Siguiendo la oración, recuerda a los que siguen a los ídolos, que han dejado de adorar a Dios. De esta manera, Jonás, a pesar de su desventura, no desea seguir a los ídolos y por eso permanece fiel. A los fieles Dios los salva.

Deseo de fidelidad

Por eso, la gratitud de Jonás, que aunque esté en el fondo del abismo, agradece a Dios que siempre está dispuesto a escuchar las oraciones de sus fieles y a salvarlos en todo momento.

Dar gracias a Dios en todo momento

¿Qué me dice a mí hoy en mi vida el Señor en el Texto?

MEDITACIÓN
(MEDITATIO)

En la meditación, una vez que ya sabemos lo que Dios dice en su Palabra, que asumimos y hacemos nuestra la oración de Jonás, nos vemos en un espejo. Vemos nuestra propia vida. Seguramente hacemos un recuento por nuestra historia personal y comunitaria. Usaremos preguntas, para ayudarnos a crecer en relación con el Señor y a mirarnos sin miedo, como Dios nos ve a nosotros.

Estas preguntas son una guía, no son un único sendero. Comienza a leerlas lentamente. Vuelve sobre lo que te llama la atención. Suspende cuando creas conveniente y anota lo que te parezca más importante.

Ahora, el Señor te habla directamente a ti.

1 ¿Cuándo es que yo hago oración? ¿Puede haber algo de mí parecido a Jonás que se siente en una gran angustia y por eso se pone a orar? ¿Soy uno de aquellos que se acuerda de orar cuando se siente en aprietos? Es importante que en estas preguntas seas muy sincero contigo mismo. No sirve de nada auto engañarse, cuando lo que deseamos es crecer nosotros mismos en nuestra relación con el Señor.

2 ¿Cuáles son mis momentos de oración? Enumera ahora tus tiempos. Realiza un recorrido por tu pasado en los tiempos que has dedicado a la oración. Puedes hacer un alto en el camino y pensar o escribir ¿cuándo han sido mis momentos más importantes de encuentro con el Señor?

3 ¿En qué se sintetizan mis momentos de oración? Puedes hacer un recuento de cómo haces oración en tu vida, y recuerda cuáles son los frutos que has obtenido, y qué deseas todavía obtener en la relación con Dios y en tu crecimiento personal.

4 ¿Cuáles son las angustias de mi vida? ¿Podría hacer un listado de todo lo que me angustia? ¿De todo lo que me hiere? Sería bueno volver sobre el tema de tus angustias. No temas en escribirlas y presentarlas luego al Señor. Si tú huyes de tus angustias y heridas, el Señor no podrá curarte. Es necesario que las identifiques, que partas de tu propia realidad.

5 ¿Y las angustias de nuestro pueblo hoy? Tal vez también verás cosas en nuestras comunidades que angustian a la gente. ¿Cómo podríamos partir desde la realidad de nuestros pueblos?

6 ¿Cómo podríamos hacer hoy una oración similar? ¿Cuál es mi realidad donde yo me pongo en oración...? Identifica claramente tu vida, tu historia, para dirigirte a Dios desde tu situación concreta. Muchas personas lamentablemente parten de oraciones escritas por otros, y a veces son como una huída de la realidad. Jonás nos enseña que debemos partir de nuestras miserias, de lo poco que tenemos, de lo mucho que nos falta. Así, podremos pedirle a Dios que nos llene. Si nos creemos grandes personas de oración, en realidad a Dios no le dice nada. Nuestra soberbia puede llevarnos a falsas ideas de oración. Muchas palabras... poco contenido y sobre todo, poco que contarle al Señor para que nos cure, nos libere, nos sane...

Encuentro en mi vida que muchas personas piensan que sólo la oración vocal repetitiva, muchas veces leyendo libros de oraciones escritas, fórmulas, etc., son la manera de orar. Bien, esto es un principio. Muchos maestros de oración nos han ayudado, y podemos repetir, incluso en forma de canciones o poesías algo que otra persona escribió en momentos importantes de su vida. Ahora, se trata de que sea yo quien haga mi oración. Puedo pensarla, luego puedo escribirla o dibujarla. Puedo cantarla. Pero será siempre partiendo de mi experiencia personal. Lo que deseo es que tú te conviertas en un orante, para poder enseñar también a otros a ser maestros de oración, como nos pide la Iglesia.

¿Cuáles son esas grandes olas y corrientes que me llevan a mí, hoy? Debemos plantearnos con sinceridad. Vivimos en una cultura del inmediatismo, donde todas las soluciones las queremos ahora mismo... Todo es desechable, todo es ligero, sin sabor, sin alimento, sin estructura. Nos gustan las cosas fáciles. Nos hemos dejado llevar por corrientes culturales donde no importa lo humano sino los deseos de los humanos. Hemos abandonado las virtudes para vivir un corrido de emociones fugaces. Donde los demás son usados para nuestras vidas, donde las cosas materiales son la base de los pseudovalores... donde las relaciones personales importan poco... Cuéntale a Dios cuáles son las olas que te arrastran, cuéntale lo que sufres cuando no tienes la ropa de moda, las vacaciones de moda, los estilos de vida y relaciones de moda... Identifica estas olas, como lo hizo Jonás.

9 Hoy, ¿puedo sentirme "echado, fuera de la presencia de Dios"? ¿En qué sentido? En realidad, no es que Dios nos largue afuera, sino que nosotros mismos nos vamos de su presencia. Nos escondemos como se escondieron Adán y Eva cuando pecaron, nos vamos fuera, porque la presencia de Dios nos estorba en nuestros caminos que no son los caminos de Dios. Reflexiona, también, cuándo es que te sientes lejos del Señor.

10 ¿Qué significaría hoy para los seres humanos "hundirse hasta el fondo de la tierra"? Hoy hay una lejanía tal de lo que significa ser humano de verdad. Cuántos huyen de la realidad con drogas, con placeres pasajeros que no dejan nada. Cuántos se sienten hundidos en los abismos. ¿Seré yo también uno de ellos? ¿Qué es lo que me turba el corazón? **¿Cómo podría yo hoy, volver a la realidad?**

11 ¿Me siento salvado por el Señor? O para mí, ¿es la fe solamente un acto intelectual que no llega a la profundidad de mi vida completa? Tal vez esta parte de la oración de Jonás es de lo más importante. Sentirse salvado. Lamentablemente muchos viven una fe totalmente insensible a la vida y, por lo tanto, la fe no toca sus vidas. Al ser algo tan intelectual (como decía un antiguo catecismo: "éstas son las verdades que hay que saber para salvarse), la fe no cambia nuestros corazones, nuestras vidas, no hay una conversión. Algunas veces, la fe me garantiza seguir en mis propios caprichos y estilos de vida. Por eso, para muchos, la fe es algo cómodo, que autentifica mi mal obrar. No acusemos a nadie, mirémonos a nosotros mismos.

12 ¿También puedo sentir que la vida se me va? ¿Nuestros pueblos pueden sentir que la vida se les va? ¿No será tiempo de acordarse del Señor?

13 ¿Es nuestra oración un signo de esperanza? Muchos hacen oración, pero sin esperanza. Dios es todopoderoso, Él puede todo. Pero no todo nos conviene. Tal vez en la historia muchos fueron arrojados vivos al mar, pero murieron. ¿Qué significaría que a mí me largaran fuera de la barca donde vivo y navego…? El sentido de muerte tal vez muestre que no tengo la fe suficiente. Pidamos a Dios entender su voluntad, más que con los caprichos de pedirle que se cumpla nuestra voluntad. Amemos lo que Dios nos tiene preparado. Busquemos lo que Dios quiere para nosotros.

14 ¿La oración de nuestros pueblos culmina con creer? ¿hasta qué punto hay fatalidad en la oración y hasta qué punto hay una fe activa? Es cierto que se junta más gente un Viernes Santo que un Domingo de Resurrección. La fatalidad a veces nos llena el corazón. Pero recordemos cómo termina la oración de Jonás: **Sólo Dios puede salvar**. Ahora pidámosle que nos salve de la comodidad de una fe que paraliza, para que busquemos llegar a un fe misionera. Sólo Dios lo puede lograr, pero nosotros lo debemos asumir.

¿Qué le respondo al Señor a lo que me ha dicho?

ORACIÓN
(ORATIO)

- Dispongámonos a contestarle al Señor, a darle una respuesta.
- Él habló primero, nos habló a cada uno de nosotros.
- ¿Qué le vamos a decir hoy? ¿Qué hay en nuestro corazón para responderle?
- Repitamos la Oración de Jonás, haciéndola propia. Léela nuevamente ahora, desde tu propia Biblia.
- Trata ahora, con tus propias palabras y desde tu experiencia, de decirle una oración al Señor. Puedes escribirla también si quieres, o dejarte inspirar para cantarla, dibujarla, expresarla

para otros. Recuerda que tus experiencias de oración pueden ayudar a otras personas a encontrarse con el Señor de la Historia.

Te invito a culminar con esta oración de resumen.

Mis angustias Señor yo te presento
Aquí estoy con lo que me hace mal
Señor, soy poca cosa
Pero, Tú me puedes salvar
Pero, Tú me puedes salvar

Me siento en el fondo de los mares
Me siento lejos de ti
Señor, Tú siempre me respondes
Señor, Tú me puedes salvar
Señor, Tú me puedes salvar

Mis pecados me han alejado
Tu presencia ya no la siento
Señor, yo me he escapado
Señor, Tú me puedes salvar
Señor, Tú me puedes salvar

Me arrastraron olas poderosas
Y yo me dejé arrastrar
No tengo un ancla firme
Señor, Tú me puedes salvar
Señor, Tú me puedes salvar

Me sentía como muerto
La tierra se cerraba para mí
A Ti llega siempre mi oración
Señor, Tú me puedes salvar
Señor, Tú me puedes salvar

No quiero adorar más ídolos
Quiero alabarte sólo a Ti
Sácame de esta ruina
Señor, Tú me puedes salvar
Señor, Tú me puedes salvar

¿Cómo voy a interiorizar el mensaje?

- ¿Cuál es la enseñanza de este texto que me propongo profundizar?
- ¿Cuál será la idea fundamental, que me comprometo a seguir interiorizando para que se haga vida en mí?

CONTEMPLACIÓN
(CONTEMPLATIO)

Tal vez, sería importante recordar tantas veces esta oración de Jonás… leerla y releerla. Podemos escoger alguna frase que nos llame más la atención.
- Desde mi angustia te clamo Señor y Tú me respondiste…
- Me acuerdo de Ti y Tú me escuchas…
- Aunque las olas me arrastren, Tú eres mi guía, Señor…
- Solo Tú puedes salvar mi vida Señor…
- Muéstrame el camino para ser feliz…

¿Qué va a cambiar en mi vida después de este diálogo con el Señor?

ACCIÓN
(ACTIO)

Este paso, que se deduce del anterior, es muy necesario para hacer viva la Palabra de Dios. No podemos sentirnos completos, si no llevamos a las obras lo que está en el corazón. Curiosamente muchos médicos dicen que las enfermedades están relacionadas con esto, personas que tienen grandes ideales, pero viven una vida mediocre. La dicotomía entre lo que se piensa y lo que se vive lleva a un desajuste que se manifiesta en nuestro físico.

Vivir de acuerdo a la oración

Hagamos creíble la Palabra de Dios. Mucha gente que nos rodea, tal vez no leerá nunca la Biblia, y a lo mejor tampoco llegará a leer la oración de Jonás. Pero que tu vida sea una Biblia abierta, una oración continua, donde todos puedan leer la Palabra de Dios que se hace visible también con un obrar acorde.

Que los demás crean porque ven mi cambio

- ¿A qué cambio me lleva esta lectura?
- ¿Qué debo hacer para demostrar que sí estamos comprometidos?
- Te sugiero que escribas algo que sea posible realizar, aunque no sea extremadamente grande, pero que sí puedas hacerlo y ponte una meta clara, donde vivir esta oración, sea para ti, un estándar de vida. Recuerda, la vida cristiana se construye paso a paso.

Deja por un momento reposar tu espíritu. Ve a dar un descanso y mientras, piensa en todas estas ideas, que seguramente te ayudarán para un nuevo estilo de vida. Luego vuelve a concentrarte y escribe claramente tu propósito de vida, siempre en positivo.

Lectio Divina

Sobre el Capítulo 3 del Libro de Jonás

Invocación al Espíritu Santo

Estamos nuevamente por abrir el texto de la Sagradas Escrituras. Esta vez en el Capítulo 3 del Libro de Jonás. Y tomando la Biblia con mucha reverencia, hagamos un gesto exterior con ella. Puede ser llevarla hacia nuestro corazón, tenerla en alto... Algo que te inspire el Señor.

Nuestra lectura es creyente
Mientras tanto invocamos al Espíritu Santo para que nos ayude a entender lo que nos quiere decir hoy, en nuestra vida.
Hacemos en silencio o en comunidad una oración.

Rehaciendo el texto del Capítulo 3 del Libro de Jonás

Lee desde tu propia Biblia
Antes de proseguir con esta lectura, debes haber leído el capítulo 3 de Jonás, en tu propia Biblia. Recuerda que es importante leerlo varias veces y si estás en grupo y hay otras traducciones, es deseable que todos conozcan de qué forma, otros expertos de las lenguas antiguas, nos traducen el español para que podamos entenderlo mejor. Anota lo que no entiendes o queda confuso. Subraya lo que te parezca más importante. Recuerda que esta síntesis que ponemos no sustituye a la lectura de la Biblia.

1 Comienza este texto del capítulo 3, cuando el Señor vuelve a dirigirse a Jonás por segunda vez.

2 Lo vuelve a enviar a Nínive con el mensaje que le va a decir.

3 Ahora sí, Jonás se levantó finalmente y se fue a Nínive, como le había ordenado el Señor. Esta ciudad era tan grande que se necesitaban tres días para recorrerla caminando.

4 Jonás caminó durante un día anunciando un mensaje: "¡Dentro de cuarenta días Nínive será destruida!", decía a viva voz.

5 Los habitantes de la ciudad, aunque él sólo había recorrido una parte, se comunicaron la noticia y creyeron en Dios y en el mensaje que proclamaba el profeta. Los ninivitas decidieron comenzar un ayuno y se vistieron en señal de duelo con ropas ásperas, tanto los adultos como los niños.

6 La noticia se esparció rápido y llegó hasta el mismo rey de Nínive, quien también creyó en el mensaje de Dios anunciado por Jonás. Entonces el rey se levantó del trono, se sentó en el suelo con ropas ásperas también en señal de penitencia.

7 Inmediatamente el rey mandó un mensajero para que proclamara por toda la ciudad un decreto de penitencia para todos, incluso para los animales. No se podía comer ni beber en señal de demostración de penitencia.

8 Y les pidió a todos que se pusieran ropas ásperas en señal de dolor, pero lo más importante es que les insistió a todos que invocaran a Dios pidiendo perdón, arrepintiéndose de su mala vida y mala conducta.

9 Y agregó: tal vez, Dios quiera ver nuestro arrepentimiento y no nos mande el castigo que nos tenemos merecido, así no moriremos.

10 Entonces, Dios vio cómo los habitantes de Nínive habían tomado conciencia de su maldad y se habían arrepentido. Dios, conmovido, decidió no mandar la destrucción, porque aceptó la conversión y vio el cambio de conducta de estas personas.

¿Qué dice el Señor en el Texto?

LECTURA
(LECTIO)

1 Jonás había dicho en el capítulo anterior (en la oración en el vientre del pez) que estaba más interesado en una peregrinación al templo de Jerusalén, que meterse en campañas misioneras.

2 Sin embargo, se da cuenta de que Dios lo impulsa a llevar un mensaje. No es un mensaje propio, no es al pueblo escogido, es un profeta que lleva un mensaje de Dios a un pueblo pagano. Jonás es el único profeta fuera de Israel.

3 Finalmente, después de todos los pedidos de Dios, Jonás sí se levanta y va a Nínive.

4 Parece claramente que no es la tierra que ama. No tiene pasión en su mensaje. Sólo dice una frase por una parte de la ciudad (el texto aclara que sería sólo la tercera parte, ya que hacían falta tres días y él sólo caminó uno). *"Nínive en cuarenta días será destruida"* (el número cuarenta en la Biblia es muy importante, porque recuerda los cuarenta años del desierto...).

5 Sin quererlo ni desearlo, su mensaje, escueto, triste y tal vez hasta aburrido, llama la atención de los habitantes. Él no esperaba esta conversión en masa. Jonás esperaba la destrucción que Dios había prometido.

6 Fue tan rápido que se esparció la noticia del forastero, que hasta el mismo rey se convierte y proclama su fe en Dios. El rey no se detiene ni en confrontar el mensaje ni al mensajero. Esto es algo urgente y él como soberano, debe tomar la iniciativa de salvar al pueblo.

7 El rey de Nínive llega hasta el extremo de mandar el edicto real de conversión, de penitencia, de ayuno. Todos debían cumplirlo.

8 Y especialmente manda dirigir oraciones a Dios pidiendo perdón y obligando a una conversión de sus malas acciones. Lo curioso, es aquí que el rey de Nínive obliga a todos a orar y convertirse a un rey extranjero, del que sólo había escuchado por labios de terceros, que podría destruir la ciudad.

9 El rey proclama con sus labios algo que el mismo pueblo de Israel no estaba dispuesto a soportar: *"A ver si Dios se arrepiente y nos perdona"* Y así podrán entonces librarse de la muerte de todo el pueblo. Aquí vemos entonces a todos, desde el rey hasta el último súbdito, convertidos. Muy a pesar de lo que deseaba el anunciador de la noticia. Y podemos descubrir que el "éxito" de una misión evangelizadora no depende de quién sea el evangelizador. Ya que aquí Jonás no quería la conversión, sino la destrucción. Pero la propia palabra, que Dios pone en boca de Jonás, despierta un dinamismo de cambio insospechado.

10 Al ver la conversión del pueblo de Nínive, Dios enternecido "se arrepintió" de la destrucción y dejó con vida a todos ellos.

¿Qué me dice a mí hoy en mi vida el Señor en el Texto?

MEDITACIÓN
(MEDITATIO)

1 Aunque haya rechazado muchas veces el llamado de Dios,
◉ ¿Soy consciente de que Él me vuelve a invitar y enviar?
◉ ¿Entiendo que Dios escucha mis oraciones, me salva, pero mi misión sigue siendo la que Él me ha encomendado?

2 ¿Cómo reconocemos la voz de Dios hoy en nuestros pueblos?
◎ Dios habla a través de la historia también. ¿Cuáles son esos acontecimientos de la vida de nuestros pueblos donde Dios nos envía a predicar? Identifica momentos, hitos históricos, circunstancias donde puedas ver con claridad el llamado de Dios.
◎ Ante necesidades concretas, Dios –que es concreto– llama a hombres concretos, a dar respuestas concretas en su nombre.
◎ ¿Cuál será el mensaje específico que debemos tomar en consideración? Mucha gente simplemente cree que leyendo la Biblia con altavoces en las plazas es suficiente. ¿Qué opinas de eso? Dios te está pidiendo que seas tú un anunciador de su mensaje ¿qué piensas hacer?

3 ¿Qué significaría hoy, en nuestra vida pastoral, "Nínive"?
◎ Para Jonás no eran sólo las palabras que había que anunciar, sino ir a la misma ciudad de Nínive.
◎ ¿En qué sentido yo rechazo también esas "Nínives" modernas.
◎ Los hebreos no eran bienvenidos en Nínive, y eso atemorizaba a Jonás. ¿Qué es lo que me atemoriza hoy? Es bueno poder expresar los temores para poder vencerlos.

4 ¿Me asusta que esta "Nínive" de hoy sea tan grande?
◎ Hoy asistimos al lamentable teatro mundial de los medios de comunicación. Son grandes capitales que mueven toda la "información" y toda la "distracción". ¿No serán también los medios de comunicación, un gigante al que nunca nosotros como Iglesia nos hemos animado seriamente a proclamar la Palabra de Dios y sus valores?
◎ ¿Qué otras cosas grandes encontramos donde nunca queremos asistir a Evangelizar…? ¿Corpo-

raciones económicas, fábricas, el mundo de la política, de la economía –tanto regional como mundial-, asociaciones importantes "pesadas"…?

◉ En general, nos sentimos empequeñecidos… y así también juzgamos el mundo. "El mundo es grande", decimos. Y eso ya no puede cambiarlo nadie… ¡Qué serios que somos!

◉ Pensar así es ser muy miserable y juzgamos a Dios con nuestros criterios humanos. Por eso mismo, lo que el Señor nos quiere mostrar a través de la lectura orante de Jonás, es que no podemos seguir juzgando con criterios humanos, los grandes planes de Dios.

◉ Quisiera hacerte una propuesta, a ti, que estás haciendo oración con este texto de Jonás. Como verás, todo el texto se trata de la vocación, o llamado para ser anunciador y pregonero de Dios. ¿Puedes recordar los llamados de personas verdaderamente valientes en el anuncio de la Buena Noticia? Pueden ser grandes figuras. Te propongo aquí que hagas una lista de personas que sí aceptaron el llamado de Dios y lo vivieron.

¿Voy a todos en la nueva "Nínive"? O ¿sólo a algunos? **5**

◉ Digamos la verdad ante el Señor: ¡hay gente que no soporto! Y no quiero anunciarles el Evangelio, para que no se conviertan ni crean…. Pienso… Que sigan con sus ídolos... ¿Hasta qué punto esto es así en mis deseos mezquinos? Debemos sincerarnos ante el Señor. ¿Puedo identificar a aquellos a quienes no quiero que se conviertan?

◉ Jonás hizo una tercera parte del mandato, ya que hacían falta tres días para recorrerla y él sólo recorrió uno. ¿Qué hago yo para recorrer las "Nínives modernas"….?

¿Tengo miedo a que no me crean? ¿Pienso que puedo hacer el ridículo al anunciar a Dios? **6**

◙ Que no me crean.... Pero por favor, si no es a mí al que deben de creer, es a Dios. (Aquí me surge en la mente una cantidad de estos predicadores televisivos, que todo gira en torno a su imagen. Y que lamentablemente en la Iglesia Católica también tenemos muchos casos).

◙ No es a mí a quien me tienen que creer, sino, al mensaje que no es mío. Sin embargo Dios me eligió para hacerlo vivo.

7 ¿Soy consciente de que por la predicación que Dios me envía a realizar, mucha gente de la moderna "Nínive" puede convertirse? Imaginemos cómo sería entonces si fuera también acompañada con mi testimonio.

8 ¿Creo de veras en la conversión de los demás?

9 ¿Hasta qué punto deseo la conversión de los demás?

10 ¿Reconozco hoy y proclamo el corazón amoroso de Dios? O soy más parecido a Jonás que desea la destrucción de los demás que no piensan "cristianamente" como pienso yo...

ORACIÓN
(ORATIO)

¿Qué le respondo al Señor, a partir de su Palabra?

- Dispongámonos a contestarle al Señor, a darle una respuesta.
- Él habló primero, nos habló a cada uno de nosotros.
- ¿Qué le vamos a decir hoy? ¿Qué hay en nuestro corazón para responderle?

Tómate unos momentos de silencio interior. Vuelve sobre el texto bíblico para revisar las ideas que el Señor te ha mostrado y sobre todo que entiendes que es allí donde debes presentar tu respuesta. No hay apuros, Dios, rico de tiempo, agradece principalmente el tiempo que tú dedicas para entender nuevamente la misión que vuelve a encomendarte. Tus respuestas serán ahora más importantes.

Si te sirven las ideas que están a continuación, úsalas.

- Señor, gracias porque vuelves a llamarme...
- Gracias porque aun cuando mi fe es estrecha, y acepto a regañadientes la misión que me encomiendas, siento que Tú no me abandonas. Tú sigues pidiéndome la ayuda.
- Gracias, Señor, por confiarme este gran tesoro que es el Evangelio.
- Te pido que me ayudes a entender que el Mensaje que me pides que transmita, lo haga con toda claridad. **Yo no soy el mensaje, soy sólo el mensajero.**
- Señor, que también pueda yo al anunciar el mensaje, creer de verdad en el Evangelio. Vivir de tal manera que también el testimonio creyente sea ya una forma de anuncio.
- Señor, que entusiasme a todos a convertirse hacia ti, que todos te conozcan y vivan de acuerdo a conversión. Señor, que me alegre de la conversión de los pecadores.
- Te pido que me ayudes a aceptar en mi corazón a todos aquellos pecadores que se convierten a Ti y a no rechazarlos. Señor, que no me crea mejor que ningún otro ser humano. Porque para Ti, todos somos importantes.
- Gracias, Señor, porque Tú no quieres la muerte del pecador, sino que viva.
- Gracias, porque también yo me voy convirtiendo hacia Ti,
- Gracias, por tu amor y tu misericordia.
- Gracias, porque me perdonas a mí también.

A nivel de síntesis puedes seguir esta oración:

Señor, tu vuelves a llamarme
No te importa si pequé y te ofendí
Señor, mi fe es estrecha
Pero tu palabra anunciaré
Soy simple mensajero de tu voz
Soy simple mensajero de tu voz

Cuando no quiero escucharte
Tragedias vienen sobre mí
Y aunque no entienda porqué
Voy a cumplir tu voluntad
Soy simple mensajero de tu voz
Soy simple mensajero de tu voz

Quería ir a tu Santuario
Quería adorarte allí
Pero Tú me pides
Que en Nínive te anuncie con fervor
Soy simple mensajero de tu voz
Soy simple mensajero de tu voz

No entiendo a esta gente rara
Te ofenden con su modo de vivir
¿Por qué debo anunciarles?
Si ellos están lejos de Ti
Soy simple mensajero de tu voz
Soy simple mensajero de tu voz

Tu mensaje se ha esparcido
Ahora todos creen en Ti
Creo se han convertido
Señales muestran entre sí
Soy simple mensajero de tu voz
Soy simple mensajero de tu voz

Señor tu mensaje es claro
La gente pronto lo entendió
Ahora Tú te arrepientes
Y yo, quedo como un bufón

Soy simple mensajero de tu voz
Soy simple mensajero de tu voz

Tu bondad hoy me sorprende
Justicia prefería en su lugar
¡Cuánto queda conocerte!
Yo quiero conocer tu corazón
Soy simple mensajero de tu voz
Soy simple mensajero de tu voz

¿Cómo voy a interiorizar el mensaje?

- ¿Cuál es la enseñanza de este texto que me propongo profundizar?
- ¿Cuál será la idea fundamental, que me comprometo a seguir interiorizando para que se haga vida en mí?

CONTEMPLACIÓN
(CONTEMPLATIO)

Podríamos repetir varias veces:

- Vete a la gran ciudad de Nínive y anuncia lo que te voy a decir…
- Dios bendice al que se arrepiente…
- Señor quiero de veras ser tu mensajero y anunciar lo que me pidas…

Mientras, vamos encontrando en nuestra vida y en nuestro entorno cuál es hoy esa Nínive donde nos manda el Señor.

Quedémonos en estos momentos iniciando la contemplación de este texto bíblico, confrontándolo con nuestra vida y buscando la manera de ponerlo en práctica.

¿Qué va a cambiar en mi vida después de este diálogo con el Señor?

ACCIÓN
(ACTIO)

- ¿A qué cambio me lleva esta lectura?
- Es obvio que si nos hemos adentrado en la oración desde la Lectio Divina, nos debemos sentir muy identificados con todos los sucesos narrados.
- ¿A qué conversión interior y exterior me invita el Señor?
- ¿Qué debo hacer para demostrar que sí estoy comprometido?

Interiormente Te sugiero que revises tus actitudes ante las personas que van convirtiéndose.

Exteriormente Realiza una propuesta concreta de dar testimonio y anuncio del Señor a un grupo determinado. Intenta que tu respuesta sea propicia.

Lectio Divina

Sobre el Capítulo 4 del Libro de Jonás

Invocación al Espíritu Santo

Estamos llegando, en nuestro viaje espiritual por el Libro de Jonás, al último capítulo y nuestra meta en estos ejercicios de Lectio Divina.

Como en los momentos anteriores, debemos hacer una lectura creyente del texto sagrado. Es Dios mismo Quien nos va a dirigir su Palabra. Con un gesto y una oración solicitemos al Espíritu Santo que nos abra la mente y el corazón para que "escuchando" no resbalemos sobre la Palabra salvadora, sino que Ésta nos transforme.

Busca en los ejercicios anteriores cómo prepararte mejor para invocar al Espíritu Santo.

Rehaciendo el texto del Capítulo 4 del Libro de Jonás

Debes leer en tu propia Biblia el Capítulo 4

Tal como lo hicimos anteriormente, cuando lleguemos a este punto, tú ya debes haber leído de tu propia Biblia el Capítulo 4 de Jonás. Léelo cuantas veces sea necesario de tu propia Biblia. Si estás en grupo y otras personas tienen otras traducciones busca las diversas maneras en que se ha ido presentando el texto en nuestro idioma. A veces, las diferencias son importantes para entender el mensaje original. Resalta los puntos importantes y anota lo que creas que deba destacarse.

1 Jonás vio cómo Dios había tenido misericordia de los habitantes de Nínive, y por compasión no envió el castigo. Entonces, el profeta se enoja muchísimo y le cae muy mal esta decisión de Dios de perdonar la ciudad de Nínive.

2 Jonás se dirige al Señor orando disgustado, y reconoce cuál fue el porqué quiso huir a Tarsis. Y reconoce que **Él es un Dios tierno y compasivo, que no se enoja fácilmente y que anuncia un castigo, pero luego se arrepiente.**

3 Y entonces le pide al Señor que le quite la vida, porque ha quedado expuesto ante los demás como un falso profeta ya que no se cumplió lo que anunció.

4 Dios quiere volver a entablar un diálogo con Jonás y le pregunta si le parece bien enojarse de esta manera. Sin embargo, el profeta no le contestó a Dios.

5 Jonás salió de la ciudad de Nínive y se puso a la sombra en una enramada en las afueras, para ver lo que ocurriría.

6 Dios dispuso que una planta de ricino creciera y le diera sombra a Jonás, lo que alegró al profeta.

7 Al día siguiente Dios dispuso que un gusano comiera la planta de ricino y ésta se secó.

8 Luego salió el sol y el viento caliente del desierto hizo que Jonás sintiera desmayarse y éste volvió a solicitar la muerte, como algo preferible a tantos sufrimientos.

9 Entonces, Dios le preguntó a Jonás si le parecía bien que se enojara de esa forma porque se había secado la planta de ricino. Jonás le contesta con ira a Dios y le dice que está que se muere de rabia.

10 Culmina todo el texto con el Señor que dice a Jonás, que él ni siquiera hizo nada para hacer crecer una planta y sin embargo le tiene compasión.

11 Por eso mismo Dios, viendo a Nínive en su perdición, tiene compasión por todos sus habitantes y los perdona y para eso actuó enviando al profeta Jonás.

¿Qué dice el Señor en el Texto?

LECTURA
(LECTIO)

1 Jonás no soportó la conversión de los ninivitas. Sobre todo porque su palabra profética no se cumplió. Esta conversión de Nínive, alcanzada por los ritos penitenciales, en el fondo es un testimonio en contra de los hebreos impenitentes. Por eso mismo, Jesús les dice a los que le preguntan en el templo que no habrá más signo que el de Jonás (véase Mateo 12, 38-41). Jonás está indignado porque Dios ha sido clemente.

2 Es en el segundo versículo que se comprende por qué Jonás quería huir, porque desde el momento del llamado, el profeta percibió las reales intencio-

nes del Señor de hacer recapacitar a los ninivitas y perdonarlos. Y es aquí donde se expone la verdadera identidad de Dios, quien está lleno de ternura y compasión, que desea el bien para todos, y está dispuesto a perdonar al que se arrepiente.

3 Jonás no está satisfecho con la bondad del Señor manifestada en el arrepentimiento a los ninivitas. Por eso, prefiere morir a ser llamado un falto profeta ya que no se cumplió su palabra de destrucción. También, se vería muy mal en Israel que un profeta hubiera pisado tierra extranjera y dirigiera la Palabra de Dios a los paganos que habían sido violentos con el pueblo elegido. Está avergonzado y prefiere morir.

4 El Señor quiere mostrar su amor por Jonás y le pregunta si le parece bien que esté enojado hasta el punto de pedir la muerte (ya Moisés y Elías habían pedido morir). Pero Jonás no le contesta a Dios manifestando que está enojado, lo deja sin respuesta y se retira.

5 Jonás ha recibido en tres oportunidades la orden de levantarse (1,2; 1,6; 3,2). Sin embargo ahora Jonás se sienta para ver si la conversión de los ninivitas era sincera y por lo tanto merecía la misericordia de Dios. Su actitud parece que quiere forzar a Dios a cambiar de idea y cumplir la promesa de destruir la ciudad como había anunciado.

6 En este versículo observamos cómo el Señor vuelve a mostrarse bondadoso con Jonás, también a través de un signo natural como es la sombra de una planta que Él designa para crecer sobre el profeta. El profeta se sintió contento con la planta. Se muestra cómo el humor del profeta cambia rápidamente: está alterado y luego alegre. Pero en el AT la alegría siempre era un acto público de agradecimiento a Dios y aquí sólo es interior. La bondad del Señor tampoco es reconocida por Jonás.

7 Dios es el dueño de todas las cosas. Si los seres humanos golpean con armas, el Señor llama la atención con los elementos de la naturaleza. Primero, había sido en el capítulo uno con las grandes olas y la tormenta, aquí, es con la plaga que acabó la planta.

8 Ahora, el segundo elemento es el viento caliente que hace alusión a muchas cosas del AT. El viento es fuerte, caluroso, seco, quema la piel. Pero también fue el viento que ayudó a los hebreos a pasar el mar de los Juncos (Éxodo 10,13; 14,21). Dos veces puso el Señor un elemento de la naturaleza (el pez y el ricino) para salvar a Jonás. Y ahora, dos veces pone también algo natural para mostrarse disgustado por la falta de Jonás de entenderlo (el gusano y el viento). Esto nos muestra que el Señor actúa según sus criterios y no se deja embaucar por los caprichos que muestra el profeta intransigente.

9 El diálogo final entre el Señor y Jonás al que quiere hacer entender sus amorosos designios, comienza por preguntarle si el profeta tenía razón en enojarse por una planta que se secó. Y el profeta anuncia que sí y vuelve a pedir la muerte. Esta respuesta puede significar como si Jonás le dijera a Dios: "Ya déjame en paz". Está mostrando el fracaso de su profecía, el gusano, el viento caliente. Prefiere morir.

10 Y Dios dijo. Esta frase nos recuerda también que la Palabra de Dios es creadora, como en el principio, en el Génesis. "Dios dijo…" Aquí comienza la gran enseñanza de Dios que le revela a Jonás que es un intransigente, no sólo para con los ninivitas, sino también para con Dios mismo, que viene manifestando su amor y bondad desde el principio. Jonás cree en Dios, pero quiere que Dios sea firme en su actuar de anunciar el castigo y cumplir el castigo. El Señor eligió a Jonás para anunciar su Palabra. El profeta es sólo el mensajero. El mensaje, en el fondo, es el anuncio del mismo Dios misericordioso.

11 El último versículo, que es la síntesis de todo el libro de Jonás, nos está mostrando cuál es el pensamiento amoroso de Dios. Si los ninivitas no sabían cuál era su mano derecha ni cuál su izquierda, tampoco pueden discernir el bien del mal. Por eso, Dios tiene compasión. En cambio el pueblo elegido de Israel, que sí sabe bien cuáles son los mandamientos de Dios, no ha tenido gestos penitenciales concretos. Israel conoce a Dios, pero no se ha convertido. Nínive, que no conocía a Dios, lo teme y lo reverencia. Por eso Dios, le tiene compasión.

MEDITACIÓN
(MEDITATIO)

¿Qué me dice a mí hoy en mi vida el Señor en el Texto?

1 ¿Me enojo con el Señor? ¿Nos enojamos con el Señor? ¿En qué situaciones?

2 ¿Soy conciente, también, que muchas veces yo quiero manipular a Dios?

3 ¿Cómo quisiera yo que el Señor tratara a los que no creen en Él?

4 ¿Qué quisiéramos cambiar del Señor y, al no resultar, esto nos provoca enojos?

5 ¿Nos cae mal que el Señor perdone a los que nosotros creemos condenados?

6 Seamos sinceros: ¿Qué deseamos para los que no viven de acuerdo a nuestra religión?

7 ¿Qué conversión nos está pidiendo el Señor hoy a nosotros?

8 Jonás dijo "estoy que me muero de rabia" ¿Decimos esto nosotros? ¿En qué ocasiones?

¿Estamos conscientes que "perdemos la paciencia" por situaciones muy sencillas? 9

¿Cuál es nuestra compasión? ¿Cómo es el corazón de Dios? ¿Qué desea? 10

¿De qué se compadece Dios? ¿Qué nos dice hoy a nosotros esto? 11

¿Qué le respondo al Señor a lo que me ha dicho? **ORACIÓN** *(ORATIO)*

- Dispongámonos a contestarle al Señor, a darle una respuesta.
- Él habló primero, nos habló a cada uno de nosotros.
- ¿Qué le vamos a decir hoy? ¿Qué hay en nuestro corazón para responderle?

Podríamos tomar algunas de las siguientes ideas para poder dar una respuesta adecuada a Dios que habla y me habla:
- Señor, soy consciente de que en muchas ocasiones yo quisiera un gran castigo para aquellos que no son como pensamos que nuestra religión nos pide que seamos. Ésta no es tu forma de pensar. Perdón, Señor.
- Señor, muchas veces deseo cambiar con mis caprichos tu forma de pensar. Tú que eres todo amor, misericordia y perdón no cambias. Entonces, Señor, como no puedo cambiarte, me enojo. Reconozco, Señor, que soy caprichoso. He pensado que tal vez sería mejor un buen castigo para que todos aprendan.
- Señor, es en este momento, en que me doy cuenta lo poco que te conozco. Qué poca relación tengo yo contigo. Me digo cristiano, pero todo lo que tengo es un montón de fórmulas que predico, pero que en el fondo son ideales que no vivo.

- Señor, quiero pedirte perdón por mi falta de fe vivencial. Porque me dedico más a las formulaciones que a conversar contigo en la oración. Tienes tantas cosas que decirme a mí.
- Señor, en la lectura de este libro de Jonás, estoy viéndome como en un espejo. Mi vida se ve reflejada en estas actitudes. Cuántas veces creo que soy solamente yo y mi grupo de cercanos los únicos que te conocemos. Pero aquí, Señor, me doy cuenta de que te conozco solamente en teoría. Estoy aprendiendo a conocer tu amor y tu misericordia para con todos.
- Gracias por tu amor y misericordia.
- Señor, que yo siempre predique la misericordia, porque reconozco el amor clemente que Tú tienes conmigo.
- Que me convierta de corazón hacia Ti, Señor.
- Que viva en contacto permanente contigo, con tu amor.

Podemos culminar haciendo nuestra esta oración

Señor, te voy conociendo
Observo tu amor y tu bondad
Señor, qué diferente
Te hacía yo en realidad
Perdón y amor Tú eres en verdad
Perdón y amor Tú eres en verdad

Me enojo si el otro se convierte
Me resisto a conocer tu voluntad
Pero Tú me insistes,
Clemencia tendrás con los demás
Perdón y amor Tú eres en verdad
Perdón y amor Tú eres en verdad

Me quise escapar de Ti
Yo no te quería anunciar
Porque en el fondo sabía

Que Tu amor siempre iba a triunfar
Perdón y amor Tú eres en verdad
Perdón y amor Tú eres en verdad

No quisiera seguir viviendo
Esto te lo he dicho sin parar
Pero Tú me pides
Que a otros les anuncie tu bondad
Perdón y amor Tú eres en verdad
Perdón y amor Tú eres en verdad

Me alegro por cosas vanas
Que pronto vienen y van
Pero Tú me enseñas
Que a Dios yo sólo he de agradar
Perdón y amor Tú eres en verdad
Perdón y amor Tú eres en verdad

Los demás se han convertido
Tu Palabra han de aceptar
Estoy muy enojado
Castigo no han de soportar
Perdón y amor Tú eres en verdad
Perdón y amor Tú eres en verdad

Señor te voy conociendo
Viendo tu amor y tu bondad
Que también me convierta
Haciendo Tu Palabra realidad
Perdón y amor Tú eres en verdad
Perdón y amor Tú eres en verdad

¿**Cómo voy a interiorizar el mensaje?**   **CONTEMPLACIÓN**
(CONTEMPLATIO)

- ¿Cuál es la enseñanza de este texto que me propongo profundizar?
- Jonás está enojado con Dios, porque no es como sus caprichos humanos y exigentes. Dios es totalmente misericordioso. ¿Qué

debo profundizar en mi vida para que entre en mi corazón esta idea?
- ¿Cuáles serán los gestos fundamentales, que me comprometo a seguir interiorizando para que se haga vida en mí?

Podríamos repetir varias veces:

- Señor, que nunca me enoje contigo.
- Señor, que te conozca cada vez más.
- Señor, que no sea sordo a tu llamado.
- Señor, que entienda tu voluntad y la ame.
- Tú eres compasivo y misericordioso...

ACCIÓN
(ACTIO)

¿Qué va a cambiar en mi vida después de este diálogo con el Señor?

- ¿A qué cambio me lleva esta lectura?
- ¿Qué debo / debemos hacer para demostrar que sí estamos comprometidos?

Intentamos dar una respuesta concreta para no querer cambiar la voluntad de Dios y para abrirnos a su Divina Misericordia.

Propongámonos algo posible. De esta manera daremos testimonio de que sí estamos creyendo en Dios. Y analicemos cómo ir evaluando estas actitudes nuestras.

Reflexión Final

REFLEXIÓN FINAL

La síntesis de todo el Libro de Jonás la encontramos en el capítulo 4 versículo 11. Su amor y compasión no tienen límites.

Durante el desarrollo de todo el Libro del Profeta Jonás, Dios comienza y termina hablando.

Al final, el profeta no tiene más derecho de hablar.

El profeta pronuncia Palabras de otro

Dios dijo, Dios dice. Esta idea también puede ser practicada en nuestra vida. El profeta no habla palabras propias, sino que es enviado a pronunciar palabras de Otro.

El libro de Jonás nos deja la cuestión abierta a los "escuchas" de hoy de la Palabra. ¿Cómo vamos a responder a esto?

Jonás representa en este Libro las actitudes del pueblo cómodo alrededor del culto en el templo de Jerusalén. Pero dejando abierto también a las nuevas generaciones, que se acomodan, se instalan de diferentes formas alrededor de ideas e ideologías, que muchas veces son excluyentes de los demás. ¿Hasta qué punto, hoy, en nuestra Iglesia seguimos excluyendo en todos los sentidos?

El compromiso misionero sigue vigente.

Hemos sido invitados, a través de los ejercicios de Lectio Divina del libro del profeta Jonás, a reiniciar en la Iglesia un estilo de vida que incluya a todos los que no conocen al Señor, ni su amor misericordioso.

Deseo a todos los lectores una abundancia de bendiciones, para abrirse a este nuevo estilo, especialmente cuando estamos en una Gran Misión en el continente Americano.

Índice General

Presentación 7

Introducción 9

Reflexión y Lectio Divina sobre el Libro de Jonás...............29

    Lectio Divina sobre el capítulo 1 del libro de Jonás...........31

    Lectio Divina sobre el capítulo 2 del libro de Jonás...........49

    Lectio Divina sobre el capítulo 3 del libro de Jonás...........63

    Lectio Divina sobre el capítulo 4 del libro de Jonás...........77

Reflexión Final 89

ANOTACIONES PERSONALES

Se termino de imprimir en
Estados Unidos de Norte America
en Febrero de 2012